DAS GENIALE
FLECHTFRISUREN-BUCH

Christiane Wegner

IMPRESSUM

LV-Buch im Landwirtschaftsverlag GmbH, 48084 Münster

© Landwirtschaftsverlag GmbH, Münster-Hiltrup, 2015

LEKTORAT
Saskia Thiele, www.saskiathiele.de

GESTALTUNG
Nina Eckes, www.nina-eckes.de

FOTOGRAFIE
Eileen Gruschka, www.eileengruschka.de

MAKE-UP
Corinna Lemmer, www.corinna-cosmetic.com

DRUCK
Westermann Druck Zwickau GmbH

ISBN 978-3-7843-5358-6

INHALT

. . . .

CHRISTIANES
VIDEO-TUTORIALS

. . . .

Um es euch, liebe Flechterinnen, noch einfacher zu machen, habe ich für euch Grundtechniken, Tricks und Teilschritte zu einigen Frisuren als Video-Tutorials zusammengestellt.

Ihr findet passende QR-Codes im Buch jeweils neben den Flechtfrisuren. Falls ihr keine Scanner-Funktion auf eurem Smartphone zur Verfügung habt, könnt ihr die Videos natürlich auch im Internet aufrufen.

Am Schluss des Buches findet ihr ein übersichtliches Videoverzeichnis.

FLECHTFRISUREN ZUM TRÄUMEN

Ob Berlinale oder Bambi, Oktoberfest oder Love Parade: Flechtfrisuren, wohin man blickt!

Längst sind sie mehr als zwei brave Kleinmädchen-Zöpfe. Auf den Prêt-à-porter-Schauen in Paris oder der Fashion Week in London feiern sie auch in der Haute Couture ihr Comeback. Kunstvoll oder verwegen, mit Blumen oder Bändern geschmückt oder einfach als praktische Bändigung einer „langen Mähne": Flechtfrisuren stehen für modisches Selbstbewusstsein.

Was Designer und Frauen gleichermaßen schätzen, sind die fast unendlichen Variationsmöglichkeiten von geflochtenen Haaren. Neben den klassischen Zöpfen setzt man heute Akzente, betont den Pony, oder kreiert den Undone Look, den viele Stars und Promis uns auf dem roten Teppich zeigen.

Flechtfrisuren sind für jede Haarlänge und jede Haarstärke geeignet, ganz gleich, ob glatt oder lockig. Eine Flechtfrisur kann sportlich, elegant, verspielt, romantisch oder verwegen aussehen. Probiert es aus und kreiert euren ganz eigenen Look!

In diesem Buch erkläre ich euch Schritt für Schritt in Fotos und Videos, wie **einfach** flechten ist, und wie viel Spaß man dabei haben kann. Dabei stehen euch zahlreiche Varianten zur Auswahl, die ihr miteinander kombinieren könnt. Eurem Ideenreichtum steht nichts im Wege.

Das Tolle an geflochtenem Haar ist außerdem, dass es nicht nur gut aussieht und hip ist. Es hinterlässt auch noch traumhafte Wellen, wenn ihr das Haar feucht einflechtet. Lasst eure Flechtfrisur einmal über Nacht im Haar: Ihr werdet mit wunderschön gewellten Locken wach werden!

Ich zeige euch einfache und schnelle, aber auch raffinierte oder liebliche Flechtfrisuren, die man zu den unterschiedlichsten Anlässen oder auch im Alltag tragen kann. Angefangen bei zwei süßen, klassisch geflochtenen Zöpfen, dem Kupferzopf, dem Wasserfall bis hin zu Dutts und Kordeln und vielem mehr. Nun wünsche ich viel Spaß! Haare flechten macht gute Laune!

Eure

Christiane Wegner

MATERIAL

Diese Materialien werden in
unserem Buch verwendet:

HAARNADELN

Mit Haarnadeln könnt ihr Locken
gut feststecken oder z.B. einzelne Haarsträhnen definieren.
Haarnadeln gibt es in verschie-
denen Längen, Haarfarben und
Stärken.
Zusätzlich gibt es auch Haarnadeln mit Strasssteinen, Blüten
oder auch Perlen, um die Frisur
zu schmücken.

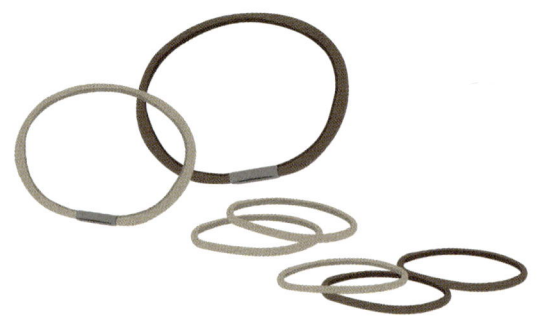

HAARGUMMIS

Es gibt Haargummis in vielen
Varianten: aus Metall, Silikon oder
Frottee.

Generell ist der Grundsatz nicht
verkehrt: Dicke Haargummis für dickes Haar, dünnes Haar besser mit
dünnen Gummis zusammenhalten.

DURCHSICHTIGE HAARGUMMIS

gibt es in gut sortierten Friseurbe-
darfsläden, im Internet oder beim
Friseur des Vertrauens.
Es eignen sich auch durchsichtige
Loom-Bänder.

DONUT (KNOTENRING)

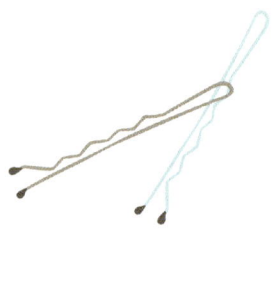

Ein Knotenring besteht aus
Schaumstoff. Es gibt ihn in
mehreren Farben und Größen.
Donuts gebraucht man gerne
als Füllmaterial für Dutts.

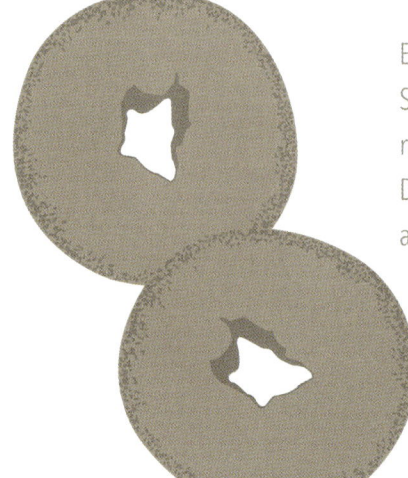

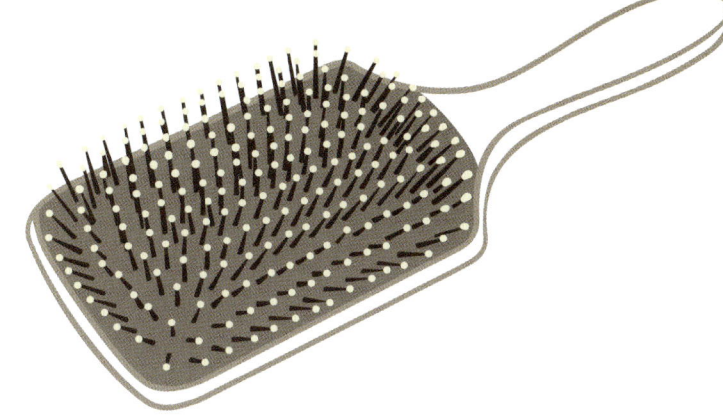

BÜRSTEN

PNEUMATIKBÜRSTEN mit Natur und Kunststoff-borsten glätten die Schuppenschicht der Haare und sorgen für seidigen Glanz.

Mit der **PADDELBÜRSTE** lässt sich gut langes Haar durchkämmen.

Die schmale **TOUPIERBÜRSTE** ist ideal, um den Ansatz zu toupieren, Flächen sauber zu kämmen, aber auch, um toupiertes Haar wieder auszubürsten.

STIELKÄMME

Es gibt viele Arten von Stielkämmen. Eigenschaften eines guten Kamms sind: Flexibilität, Antistatik und runde, möglichst feine Zähne für ein widerstandsloses Gleiten durchs Haar. Hat ein Kamm zugleich kurze und lange Zähne, handelt es sich um einen Toupierkamm.

HAARKLAMMERN

Mit Haarklammern könnt ihr Locken oder den geflochtenen Zopf gut feststecken. Haarklammern gibt es in mehreren Farben und Längen.

MATERIAL

HAARSPRAY

Haarspray braucht ihr, um der Frisur dauerhaften Halt zu geben und sie zu festigen.

WASSERSPRITZE

Mit der Wasserspritze könnt ihr einzelne Haarsträhnen befeuchten, damit sie besser zu verarbeiten sind. Wichtig ist es, die Wasserspritze feinnebelig einzustellen.

GLANZSPRAY

Für einen brillanten Haarglanz könnt ihr ein Glanzspray als Finish verwenden.

GLÄTTEISEN

Mit einem Glätteisen kann man Haare schonend glätten und auch Locken formen. Wichtig ist nur, dass das Glätteisen nicht zu heiß eingestellt wird.

Diese Accessoires werden
in unserem Buch verwendet:

CURLYS (HAARSPIRALEN)

Curlys sind schöne Accessoires
fürs Haar. Aufgrund der Spirale
schraubt man sie ins Haar,
dadurch festigen sie die Frisur
zusätzlich, sitzen sicher im Haar
und können nicht mehr herausfallen. Mit Curlys könnt ihr Frisuren schmücken oder einzelne
Flechtelemente unterstreichen.

HAARBÄNDER

Haarbänder gibt es in verschie-
denen Ausführungen, mal mit
Perlen oder Rosen oder einfach
nur schlicht. Sie sind vielseitig
einsetzbar als Stirnband oder
z.B., um einen Dutt zu schmücken.

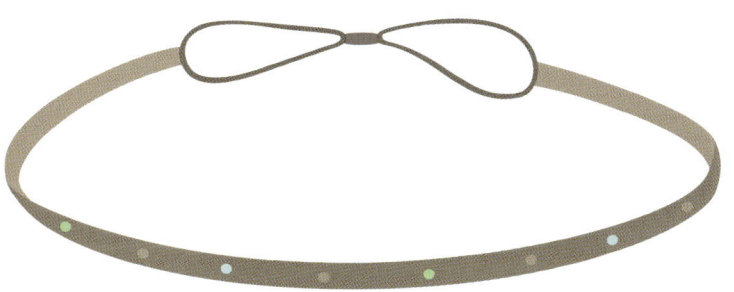

HAARBEREICHE

Diese Begriffe werden in unserem Buch verwendet:

- Oberkopf

- Hinterkopf

- Kontur

SCHEITELARTEN

- Seitenscheitel

- Zickzackscheitel

- Mittelscheitel

  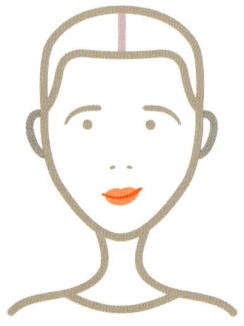

KOPFBEREICHE

 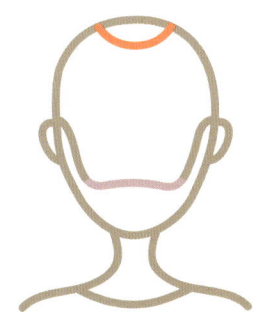

- Ponypartie / Stirnpartie

- Hinterkopf

- Nacken

PASSÉ

 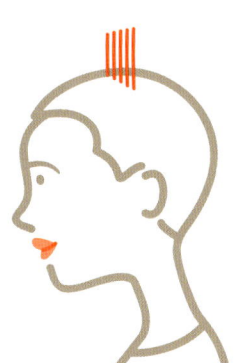

Das Wort „Passé" kommt in den meisten Anleitungen vor. Es handelt sich um eine Haarpartie von 1–2 cm Breite, mit der weitergearbeitet wird.

TIPP

Ob frisch gewaschenes Haar sich zum Flechten nun am besten eignet, daran scheiden sich die Geister. **Grundsätzlich gilt für alle Flechfrisuren:** Die Haarpartie, an der man arbeitet, am besten mit der Wasserflasche leicht anfeuchten – so fällt das Flechten oft leichter.

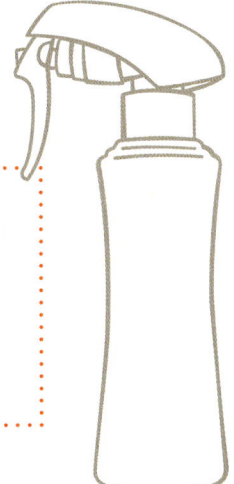

TECHNIKEN

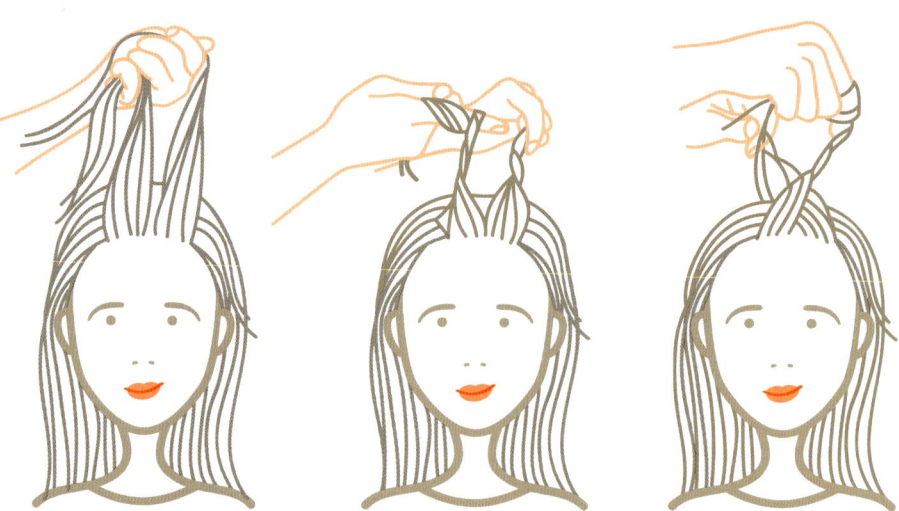

ZWIRBELN UND KORDELN

Beim Zwirbeln und Kordeln geht es darum, dass man zwei Strähnen in die gleiche Richtung dreht, also zwirbelt, und dann die beiden Strähnen übereinander gegen die Richtung schlägt und diese Bewegung wiederholt.

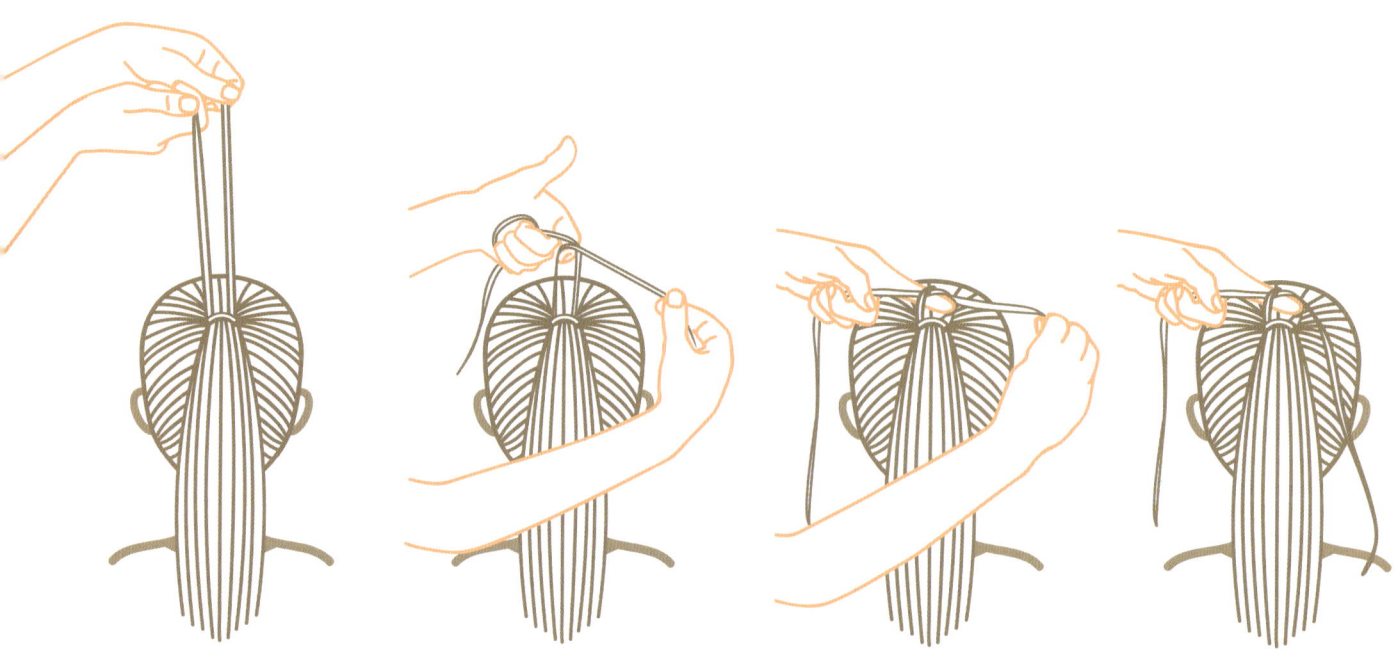

KNOTEN

Mit Knoten ist tatsächlich der einfache Knoten gemeint, das heißt, ihr nehmt zwei Strähnen, kreuzt sie voreinander, die vordere Strähne geht hinter die Strähne, dann durch beide Strähnen untendurch.

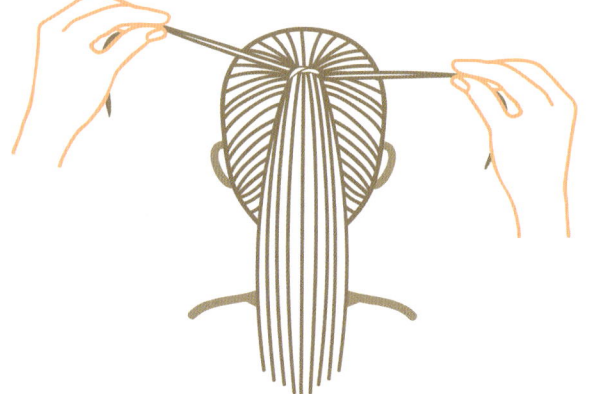

TOUPIEREN

Am besten toupiert ihr, indem ihr
die Haarsträhne mit der einen Hand
festhaltet und mit dem Toupierkamm
von der Spitze zum Ansatz hin runterkämmt. Diesen Vorgang wiederholt ihr
mehrmals mit der gleichen Strähne,
bis ihr das Gefühl habt, dass die Toupage fest genug ist.
Die Toupage sollte immer nur am
Ansatz sein.

TIPPS

STRÄHNEN UND ZÖPFE FESTSTECKEN:

- **Immer geriffelte Haarnadeln**
  benutzen – sowohl bei engen als
  auch bei U-förmigen Haarnadeln.
  Die geriffelte Seite zeigt nach
  oben!

- **Die engen Haarklammern beim
  Einschieben vorne öffnen**, damit
  ihr die Strähne damit auch zu
  fassen bekommt.
  Die U-förmigen Haarnadeln vor
  dem Einschieben leicht Zusam-
  mendrücken, so rutschen sie nicht
  so schnell heraus.

- **Feine Härchen**, die aus den
  Steckfrisuren fallen, mit Haarspray anlegen.

- **Für einen besseren Halt** benutzt
  zwei Haarklammern, die ihr über-
  kreuzt – die Riffel verhaken sich
  so ineinander und bleiben besser
  stecken.

- **Beim Zöpfe feststecken**
  die Haarnadel erst in Richtung
  des Haarverlaufs einstecken,
  dann drehen und in den Zopf in
  der entgegengesetzten Richtung
  festschieben.

Tipps & Tricks
zum Feststecken:

GRUNDTECHNIKEN

GRUNDTECHNIK

EINFACHER DREI-STRÄHNEN-ZOPF

Schritt 1:

Teilt den kompletten Zopf in drei Strähnen. Legt die rechte Strähne über die mittlere.

Schritt 2:

Legt nun die linke Strähne über die vorherig rechte, jetzt mittlere Strähne.

Schritt 3:

Nun legt die rechte Strähne wieder über die neue mittlere Strähne.

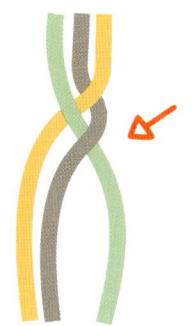
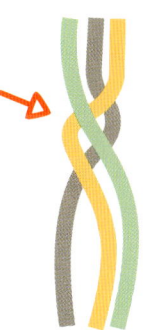

Schritt 4:

Ebenso legt ihr die linke wieder über die neue mittlere Strähne.

Schritt 5:

So macht ihr weiter, bis keine Haare mehr übrig sind, und bindet das Ende mit einem Zopfgummi fest.

Hier nochmal als Video-Tutorial:

GRUNDTECHNIK

FRANZÖSISCHER ZOPF

Schritt 1:

Kämmt alle Haare nach hinten und teilt ein Passé an der Stirnpartie ab, welches ihr in drei gleich große Stränge unterteilt.

Schritt 2:

Flechtet als Anfang einmal nach der einfachen Flechttechnik mit den drei Strängen. Nehmt dann zum rechten Strang eine neue Haarsträhne von rechts mit dazu …

Schritt 3:

… und legt diese zusammengefügt über den mittleren Strang.

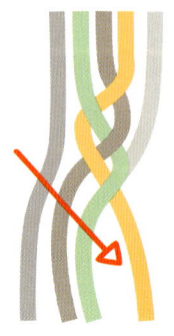

Schritt 4:

Nehmt nun zum linken Strang ebenfalls eine Haarsträhne von links dazu …

Schritt 5:

… und legt diese zusammengefügt über den mittleren Strang. Diesen Vorgang wiederholt ihr, bis alle Haare aufgebraucht sind.

Hier nochmal als Video-Tutorial:

GRUNDTECHNIK

HOLLÄNDISCHER ZOPF

Schritt 1:

Kämmt alle Haare nach hinten und teilt ein Passé ab, welches ihr in drei gleich große Stränge unterteilt.

Schritt 2:

Flechtet nun, indem ihr den rechten Strang unter den mittleren Strang legt und danach den linken Strang unter den nun neuen mittleren Strang.

Schritt 3:

Zum rechten Strang nehmt ihr nun eine Strähne von rechts mit hinzu und führt diese zusammengefügt …

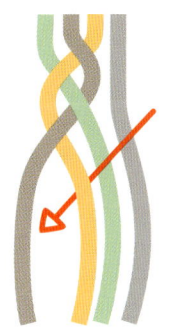

Schritt 4:

… unter den mittleren Strang.

Schritt 5:

Zum linken Strang nehmt ihr nun ebenfalls eine Strähne von links und führt diese zusammengefügt unter den mittleren Strang. Dies wiederholt ihr, bis alle Haare aufgebraucht sind.

Hier nochmal als Video-Tutorial:

GRUNDTECHNIK

FISCHGRÄTENZOPF

Schritt 1:

Teilt den Zopf in zwei gleich große Strähnen. Zieht eine dünne Strähne aus dem linken Zopf…

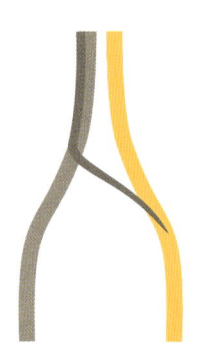

Schritt 2:

… und legt diese rüber zum rechten Zopf. Die Strähne ist nun im Strang des rechten Zopfes integriert.

Schritt 3:

Zieht nun aus dem rechten Zopf eine dünne Strähne heraus und legt diese…

Schritt 4:

… rüber zum linken Zopf. Die Strähne ist nun im Strang des linken Zopfes integriert.

Schritt 5:

Fangt nun wieder links an und flechtet bis zum Ende des Zopfes herunter. Fixiert die Haare mit einem Haargummi.

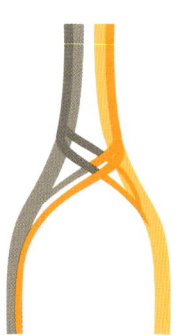

Hier nochmal als Video-Tutorial:

GRUNDTECHNIK

PFERDESCHWANZ UMWICKELN

Schritt 1:

Nehmt aus dem gebundenen Pferdeschwanz unten eine Strähne…

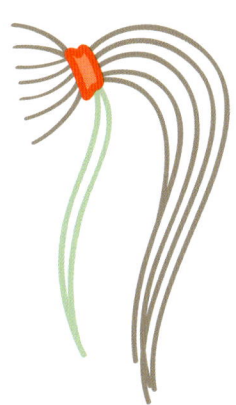

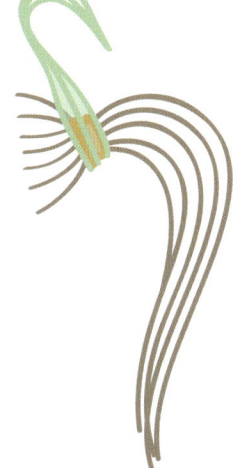

Schritt 2:

… und schlagt diese so oft, wie es die Länge der Strähne erlaubt, über das Haargummi.

Schritt 3:

Steckt die Strähne mit Haarnadeln fest.

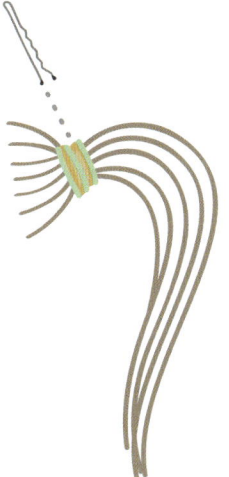

EINFACH & SCHÖN
FÜR STARTER

Vorher

HIPPIEZOPF

EINFACH

Fertig in 15 Minuten

MATERIAL

- 3 Zopfgummis
- 1 Haarklammer
- 1 Haarnadel

So geht der Fischgrätenzopf:

Schritt 1:
Als Erstes teilt ihr den Oberkopf ab und steckt ihn mit einer Haarklammer fest.

Schritt 2:
Dann teilt ihr zwei dicke Strähnen oberhalb des Ohres ab.

Schritt 3:
Beginnt, den Fischgrätenzopf zu flechten, indem ihr

eine dünne Strähne von der Außenseite nehmt und zu der anderen Seite legt. Wiederholt diesen Schritt abwechselnd von rechts nach links für den gesamten Zopf.

Schritt 4:
Am Ende fixiert ihr den Zopf mit einem Haargummi.

Schritt 5:
Lockert den Fischgräten-
zopf.

Schritt 6:
Teilt ein weiteres Passé
ab und flechtet den Zopf
normal.

Schritt 7:
Nehmt die Ponypartie, dreht die Partie nach hinten und steckt
den Pony oberhalb der Zöpfe mit einer Haarnadel fest.

FLECHTSCHLANGE

Vorher

EINFACH

Fertig in 5 Minuten

MATERIAL

- 2 Haargummis
- 1 Haarnadel

Schritt 1:
Ausgangsfrisur ist ein Seitenzopf, beginnend auf Höhe des Ohres. Entnehmt eine dünne Strähne vom Zopf und umwickelt den Zopf, damit das Haargummi versteckt ist.

Schritt 2:
Steckt die Strähne mit einer Haarnadel fest.

Schritt 3:
Teilt den Zopf in zwei Strähnen.

Schritt 4:
Flechtet die eine Hälfte des Zopfes.

Schritt 5:
Fixiert den geflochtenen Zopf mit einem Haargummi.

Schritt 6:
Nun wickelt den geflochtenen Zopf um den nicht geflochtenen Zopf.

Schritt 7:
Schlagt ihn mehrmals um den nicht geflochtenen Zopf.

Schritt 8:
Am Ende fixiert beide Zöpfe mit einem Haargummi.

SÜSSER PONY-ZOPF

EINFACH

Fertig in 10 Minuten

MATERIAL

- 1 dünnes Haargummi
- Haarnadel
- Stielkamm

Schritt 1:
Zieht einen Seitenscheitel und teilt ein Passé ab. Unterteilt dieses …

… in drei Strähnen und flechtet einmal.

Schritt 2:
Nehmt dann eine neue Strähne aus der Kontur dazu und flechtet dann wieder einmal.

Schritt 3:
Danach dürft ihr erneut eine Strähne aus der Kontur dazunehmen und mit einflechten.

Schritt 4:

Nehmt immer wieder eine Strähne dazu, bis ihr am Ohr angekommen seid, und endet in einem normal geflochtenen Zopf. Bindet am Ende ein dünnes Haargummi darum, und steckt den Zopf im Nacken mit einer Haarnadel fest. Lasst das restliche Haar darüberfallen.

ZWEI SCHMALE ZÖPFE

Vorher

EINFACH

Fertig in 5 Minuten

MATERIAL

- 1 Curly
- 3 Haargummis

Schritt 1:
Zieht einen Seitenscheitel und entnehmt ein Passé unterhalb des Scheitels. Flechtet einen normalen einfachen Zopf.

Schritt 2:
Am Ende fixiert ihr den Zopf mit einem durchsichtigen dünnen Haargummi.

Schritt 3:
Dann geht ihr zur anderen …

… Seite und teilt ein dünnes Passé unterhalb des Scheitels ab. Dieses Passé flechtet ihr ebenfalls. Auch hier bindet ihr ein Haargummi um das Ende des Zopfes.

Schritt 4:
Nehmt nun beide Zöpfe nach hinten zusammen, bindet ein Haargummi um beide Zöpfe gemeinsam. Damit man das Haargummi nicht sieht, dreht ihr ein Curly hinein.

LOCKERER
BAUERNZOPF

EINFACH

Fertig in 8 Minuten

MATERIAL

- 1 Haargummi
- 1 Blümchen

Schritt 1:
Nehmt vom seitlichen Haaransatz rechts und links je eine Strähne sowie eine Strähne vom Hinterkopf, dann flechtet ihr einmal, indem ihr …

… die rechte Strähne über die mittlere Strähne und die linke über die rechte Strähne legt.

Schritt 2:
Flechtet weiter, indem ihr abwechselnd von jeder Seite eine neue Strähne vom seitlichen Haaransatz zum Zopf hinzunehmt.

Schritt 3:
Nehmt nur Strähnen von außen und achtet darauf, dass sie gleich dick sind.

Schritt 4:
Achtet darauf, dass ihr locker flechtet, die Haare darunter bleiben lockig offen.

Schritt 5:
An das Ende bindet ihr ein Haargummi. Zum Schluss steckt ein Blümchen auf das Haargummi.

DIRNDL-FRISUR

Vorher

EINFACH

Fertig in 10 Minuten

MATERIAL

- 2 Curlys
- 4 Haargummis
- 2 Haarnadeln
- 4 Haarklammern

HAARLÄNGE

ab Ansatz mind. 50 cm

Schritt 1:
Ausgangsfrisur sind zwei gleichmäßige Seitenzöpfe oberhalb der Ohren. Entnehmt dem linken Zopf oben eine dünne Strähne …

Schritt 2:
… wickelt nun die dünne Strähne um den Zopf.

Schritt 3:
Steckt die Strähne so mit einer Haarnadel fest, dass man das Haargummi nicht mehr sieht.

Schritt 4:
Fangt nun an, den Zopf zu flechten, indem ihr die rechte Strähne über die Mitte und die linke über die ehemals rechte Strähne legt. Dies wiederholt ihr bis

zum Ende des Zopfes. Am Ende fixiert ihr den Zopf mit einem Haargummi.

Schritt 5:
Das Gleiche macht ihr nun mit dem rechten Zopf, sodass wir zwei geflochtene Zöpfe haben.

Schritt 6:
Nehmt den rechten Zopf und steckt das Ende des Zopfes am Anfang des linken Zopfes mit Haarklammern fest.

Schritt 7:
Dann nehmt ihr den linken Zopf und steckt das Ende am rechten Zopfanfang ebenfalls mit Haarklammern fest.

SCHNECKEN-ZÖPFE

EINFACH

Fertig in 15 Minuten

MATERIAL

- 4 dünne Haargummis
- 6 Haarnadeln
- 2 Curlys
- Stielkamm

Schritt 1:
Ausgangsfrisur sind zwei seitliche Zöpfe jeweils dicht hinter dem Ohr. Teilt euch zwei dünne Strähnen oberhalb aus dem Zopf ab. Zwirbelt die Srähnen in die gleiche Richtung.

Schritt 2:
Zwirbelt beide Strähnen weiter in die gleiche Richtung und dreht sie gegenläufig. Dies wiederholt ihr bis zum Ende.

Schritt 3:
Möglichst weit bis unten drehen, sodass nur noch ein kleines Ende unten herausguckt. Bindet am Ende ein dünnes Haargummi darum.

Schritt 4:

Dreht nun den gekordelten Zopf wie eine Schnecke auf.

Schritt 5:

Steckt die Schnecke mit einer Haarnadel fest.

Schritt 6:

Entnehmt wieder zwei dünne Strähnen oben aus dem Zopf. Kordelt auch diese beiden Strähnen und bindet ein Haargummi darum.

So dreht ihr schmale
Schnecken auf:

Schritt 7:
Dreht auch diesen gekordelten Zopf so über den anderen,
dass die Schnecke größer wird, und steckt ihn mit Haarnadeln fest .

Vorher

HOLLÄNDISCHER PONY-ZOPF

EINFACH

Fertig in 8 Minuten

MATERIAL

- 1 Haargummi
- Stielkamm
- Bürste

Schritt 1:
Teilt einen Seitenscheitel ab, nehmt parallel zum Seitenscheitel ein Passé auf.

Schritt 2:
Unterteilt dieses Passé in drei Strähnen und fangt

an, einen halben Holländischen Zopf zu flechten. Das heißt, die rechte Strähne unter die mittlere und die linke unter die rechte Strähne.

Schritt 3:
Nehmt weitere Strähnen von oben aus dem Deckhaar. Zuerst vom Oberkopf, dann bis zum Hinterkopf und bis zur Partie über dem Ohr.

Flechtet weiter, indem ihr nun neue Strähnen von der rechten Seite zur mittleren hinzunehmt. Dabei machen die neuen Strähnen einen längeren Weg, sodass ihr an der Kontur entlangflechtet.

Schritt 4:

Am Ende fixiert ihr den Zopf mit einem Haargummi. Lockert den Zopf mit beiden Händen, damit er optisch dicker wirkt.

SÜSSE BLUMENSPIRALEN

Vorher

EINFACH

Fertig in 10 Minuten

MATERIAL

- 2 Haarnadeln
- 2 Curlys
- 2 Haargummis
- Stielkamm

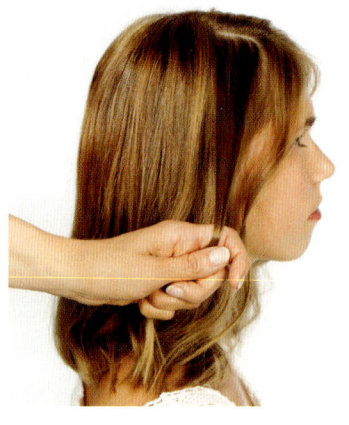

Schritt 1:
Zieht einen hohen Seitenscheitel. Teilt unterhalb des Scheitels ein dünnes Passé auf Höhe des Ohres ab, etwa 2 cm nach der Kontur.

Schritt 2:
Unterteilt dieses Passé in drei dünne Strähnen und flechtet diese miteinander.

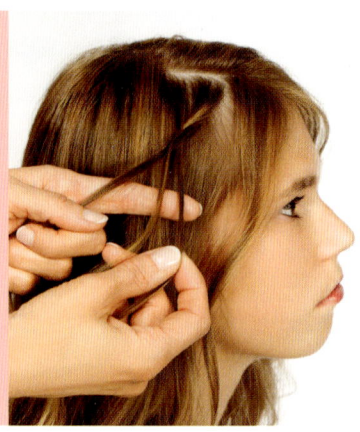

Schritt 3:
Am Ende des Zopfes bindet ihr ein dünnes durchsichtiges Haargummi darum.

Schritt 4:
Rollt den Zopf wie eine Schnecke auf und steckt ihn mit Haarnadeln fest. Von unten die Schnecke drehen.

So dreht ihr schmale Schnecken auf:

Schritt 5:
Um die kleine Schnecke besser zu fixieren, eignen sich sehr gut dekorative Curlys.

Schritt 6:
Teilt ein weiteres Passé ...

... links neben der Schnecke ab.

Schritt 7 – 9:
Flechtet auch diese Strähne und bindet am Ende ein Haargummi darum.

Rollt den Zopf ebenfalls wie eine Schnecke auf.

Steckt die Schnecke wieder mit einer Haarnadel fest.

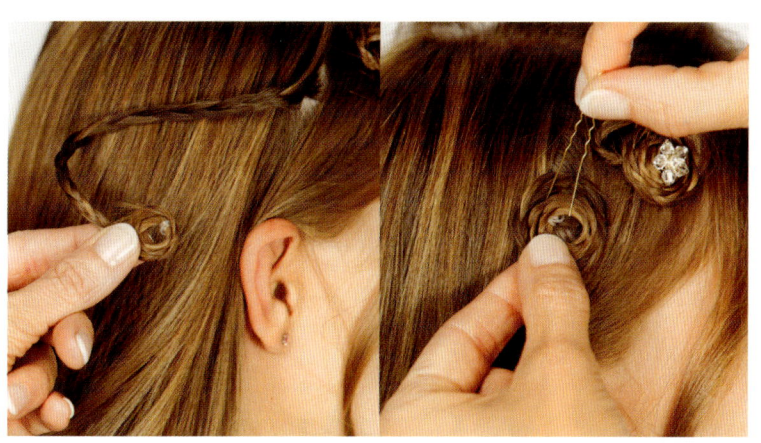

FEINER SEITENZOPF

Vorher

EINFACH

Fertig in 5 Minuten

MATERIAL

- 1 Haargummi
- 1 Haarklammer
- 1 Curly
- Stielkamm

Schritt 1:
Zieht einen Seitenscheitel und teilt ein Passé auf der rechten Seite unterhalb des Scheitels ab.

Schritt 2:
Unterteilt dieses Passé in drei Strähnen und flechtet diese miteinander.

Schritt 3:

Nach der Hälfte des Zopfes bindet ihr ein dünnes durchsichtiges Haargummi darum.

Hier gibt`s Tipps
zum Feststecken:

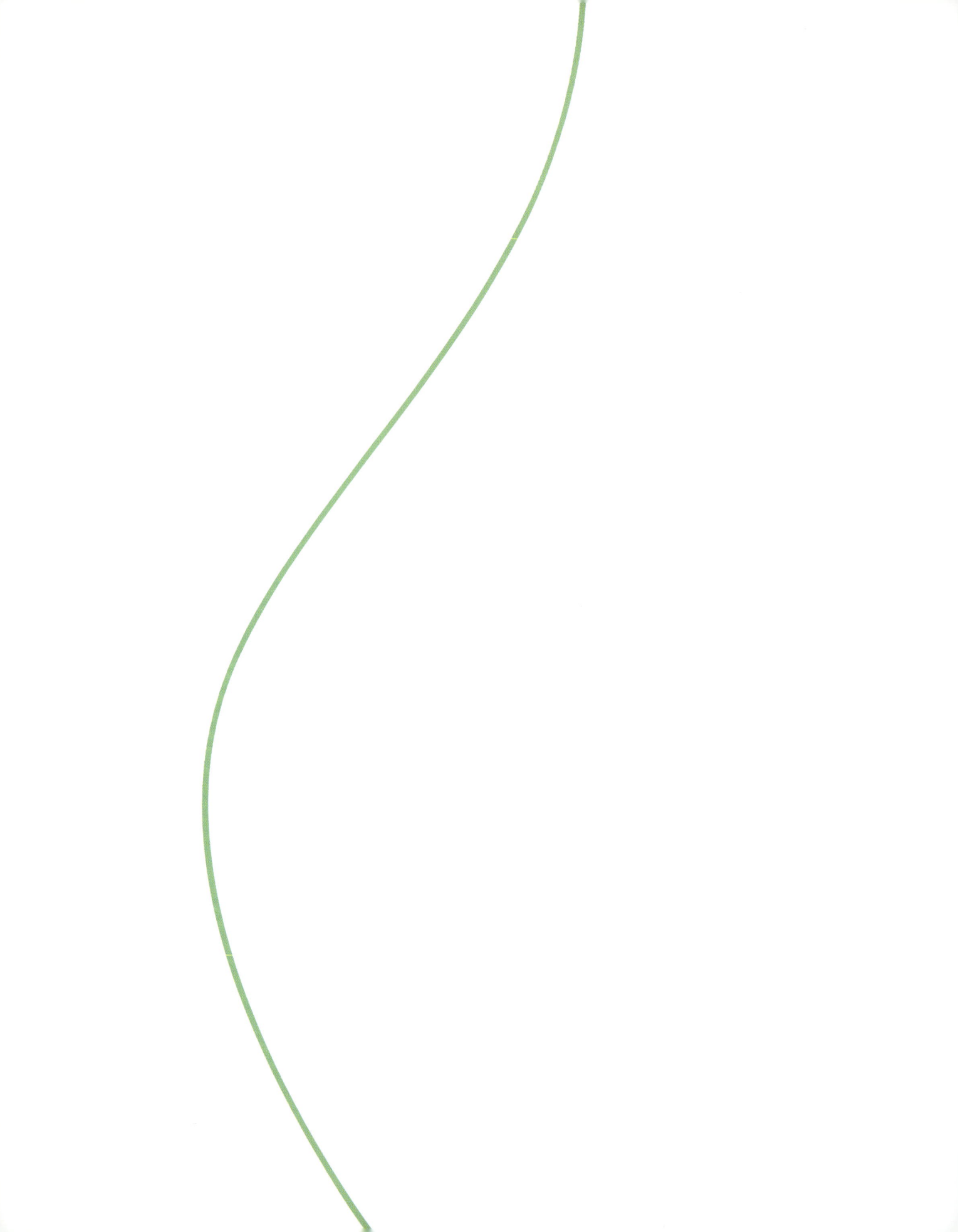

PFIFFIGES
FÜR GEÜBTE

KUPFERZOPF

Vorher

MITTEL

Fertig in 25 Minuten

MATERIAL

- 2 Zopfgummis
- 6 Haarnadeln
- 5 Curlys
- Stielkamm
- Haarspray

Schritt 1:
Als Erstes wird ein Mittelscheitel gezogen. Dann teilt ihr an der Seite senkrecht ein Passé ab.

Schritt 2 – 3:
Dieses Passé teilt ihr in drei Strähnen und flechtet einmal. Danach nehmt ihr immer wieder neue Strähnen von der unteren Seite dazu und flechtet sie mit ein.

Schritt 4:
Diesen Vorgang wiederholt ihr, bis ihr an der hinteren Mitte angelangt seid, und flechtet den Zopf hinunter. Am Ende fixiert ihr den Zopf mit einem Haargummi.

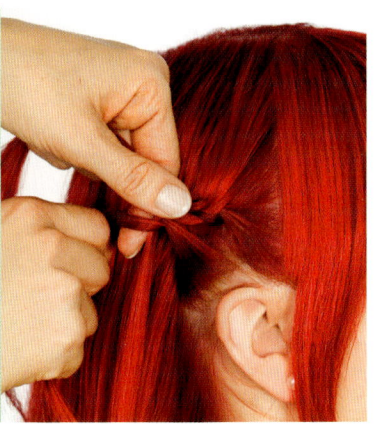

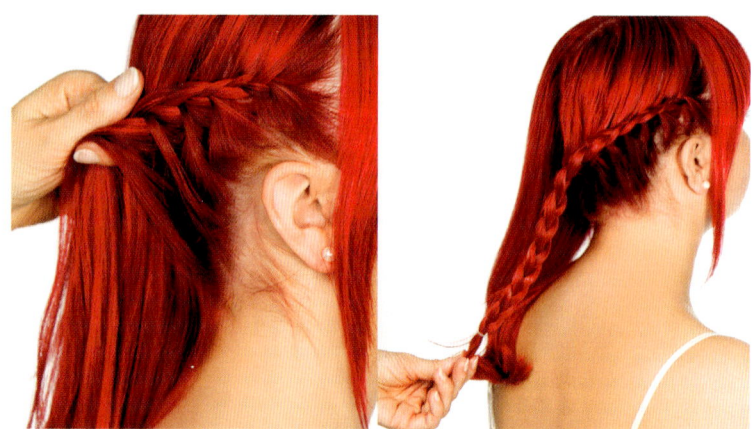

Schritt 5:

Nachdem ihr die andere Seite genauso geflochten habt, lockert ihr den Zopf, damit er optisch dicker wirkt. Schlagt den Zopf nach innen …

… ein und steckt ihn mit einer Haarnadel fest, sodass man das Ende des Zopfes nicht mehr sieht.

Schritt 6:
Das wiederholt ihr mit der anderen Seite.

Zöpfe und Strähnen feststecken, so geht`s:

GEFLOCHTENER DUTT

Vorher

MITTEL

Fertig in 30 Minuten

MATERIAL

- 1 dicke Haarklammer
- 1 Donut
- 2 Haargummis
- Haarnadeln
- Stielkamm
- Bürste
- Haarspray

Schritt 1:
Ihr beginnt mit einem hohen Pferdeschwanz.

Schritt 2:
Lasst unterhalb des Zopfes eine Strähne heraus.

Schritt 3:
Dann nehmt ihr den Donut und zieht den Zopf durch.

Schritt 4:
Teilt ein Passé aus dem Zopf ab und unterteilt dieses in zwei Strähnen. Steckt den restlichen Zopf vorübergehend mit einer Klammer fest.

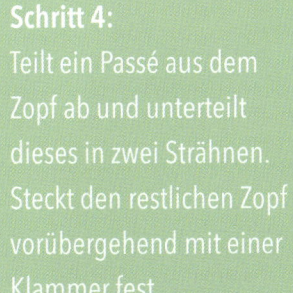

Schritt 5:

Jetzt wird die untere Strähne mit den beiden oberen Strähnen einmal geflochten. Das heißt, die untere Strähne einmal über die von oben kommende Strähne und eine weitere Strähne, die von oben kommt, einmal über die untere Strähne.

Schritt 6:

Im Verlauf des Flechtens werden dann immer neue Strähnen aus dem Zopf mit eingeflochten.

Schritt 7:
Habt ihr einmal um den Donut herumgeflochten, fixiert ihr den Zopf mit einem Gummi.

Schritt 8:
Benutzt Haarnadeln, um den Donut und das Ende des Zopfes festzustecken.

Schritt 9:
Mit einem Stielkamm und Haarspray könnt ihr herausstehende Haare anlegen.

FRANZÖSISCHER WICKELZOPF

Vorher

MITTEL

Fertig in 25 Minuten

MATERIAL

- 2 Haargummis
- 1 Haarklammer

HAARLÄNGE

ab Ansatz mind. 50 cm

Schritt 1:
Die Ausgangsfrisur ist ein umwickelter Pferdeschwanz.
Als Erstes entnehmt ihr oben drei dünne Strähnen
und fangt an, diese einmal zu flechten.
Dann nehmt ihr immer wieder eine dünne Strähne vom
oberen Teil des Zopfes dazu und flechtet einen halben
Französischen Zopf.

Schritt 2:
Habt ihr sechs Strähnen hinzugenommen, flechtet ihr einfach weiter, ohne Strähnen hinzuzunehmen. Dann wickelt ihr den Zopf hinten herum, bis er vorne ankommt.

Schritt 3:
Reicht der Zopf bis nach vorne, fangt ihr wieder an, dünne Strähnen von oben hinzuzunehmen und den halben Französischen Zopf fortzusetzen.

Schritt 4:
Dabei geht ihr schräg nach unten. Nachdem ihr wieder sechs Strähnen dazugenommen habt, flechtet ihr einfach länger weiter und umwickelt …

Schritt 5:
… den Pferdeschwanz
erneut. Vorne wieder an-
gekommen, wiederholt ihr
den Vorgang bis zum Ende
des Zopfes.

Schritt 6:
Am Ende fixiert ihr den Zopf
mit einem Haargummi.

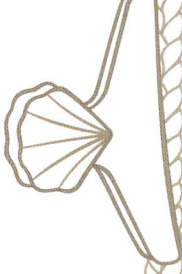

HOLLÄNDISCHER QUERZOPF

Vorher

MITTEL

Fertig in 15 Minuten

MATERIAL

- 1 Zopfgummi
- 5 Haarnadeln

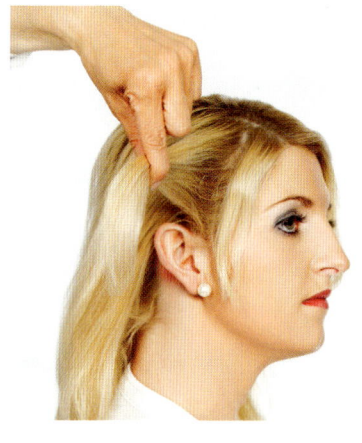

Schritt 1:
Ihr beginnt an der rechten Seite. Teilt senkrecht ein Passé ab, unterteilt dieses in drei Strähnen und flechtet einmal.

Dann nehmt ihr immer eine neue Strähne von rechts oder links dazu und flechtet sie mit ein.

Schritt 2:
Die Besonderheit bei der holländischen Technik: Jede dazugenommene Strähne wird unter dem kreuzenden, mittleren Haarstrang hinweggeführt.

Schritt 3:
Am linken Ohr angekommen, fixiert ihr den Zopf mit einem Haargummi. Das Ende hängt nun lang herunter.

Schritt 4:
Lockert den geflochtenen Zopf.

Schritt 5:
Nehmt nun den offenen Zopf, schlagt ihn über eure Hand und steckt ihn locker und durcheinander fest.

Verflixtes Feststecken, so schafft ihr`s:

HERZCHENZOPF

Vorher

MITTEL

Fertig in 15 Minuten

MATERIAL

- 3 Haargummis
- 2 dicke Haarklammern
- 1 Abteilklammer
- 1 Edelweiß-Curly
- Stielkamm

Schritt 1:
Als Erstes teilt ihr einen Mittelscheitel bis zum Hinterkopf ab. Von dort aus einen diagonalen Scheitel (4 cm lang) nach rechts und nach links.

Schritt 2:
Dann nehmt ihr ein dünnes Passé aus der Spitze, unterteilt es in drei Strähnen. Flechtet dreimal normal nach vorne zur Stirn. Nehmt dann nur von oben neue Strähnen dazu. Flechtet nun einen halben Holländischen Zopf.

So gelingt euch der Anfang vom Herzchen-Zopf:

Schritt 3:
Nehmt nun neue Strähnen hinzu: erst am Mittelscheitel entlang, übergehend in die Kontur bis zum Ohr.

Schritt 4:
Ab der Höhe des Ohres nehmt ihr keine neuen Strähnen mehr dazu, sondern flechtet den Zopf normal weiter.

Schritt 5:
Am Ende fixiert ihr den Zopf mit einem Haargummi. Die andere Seite flechtet ihr ebenfalls mit einem halben Holländischen Zopf.

Schritt 6:
Fasst beide Zöpfe mit einem Gummi zusammen, sodass ein Herzchen entsteht. Am Ende schmückt ihr den Zopf mit einem Edelweiß-Curly.

Fertig in 8 Minuten

HERZCHEN-DUTT

MATERIAL

- 2 Haargummis
- 2 Haarklammern
- 2 Haarnadeln
- 1 Donut
- Blumenkranz

Schritt 1:
Fasst den Rest der Haare zu einem Zopf zusammen.

Schritt 2:
Nehmt einen Donut.

Schritt 3:
Zieht den Zopf durch.

Schritt 4:
Verteilt alle Haare um den Donut herum.

Haarsträhne und wickelt sie um den Donut herum, sodass das Haargummi nicht mehr zu sehen ist. Ihr befestigt diese Strähne mit Haarklammern.

Schritt 7:
Die Enden der beiden geflochtenen Zöpfe steckt ihr ebenfalls fest.

Schritt 8:
Nun dürft ihr den Dutt mit einem Blumenkranz schmücken.

HOLLÄNDISCHE RAPUNZEL

MITTEL

Fertig in 30 Minuten

MATERIAL

- 1 Zopfgummi
- Bürste
- Stielkamm

Schritt 1:
Kämmt alle Haare zur linken Seite. Teilt ein Passé oberhalb des Ohres ab.

Schritt 2:
Unterteilt dieses Passé in drei Strähnen und flechtet einmal.

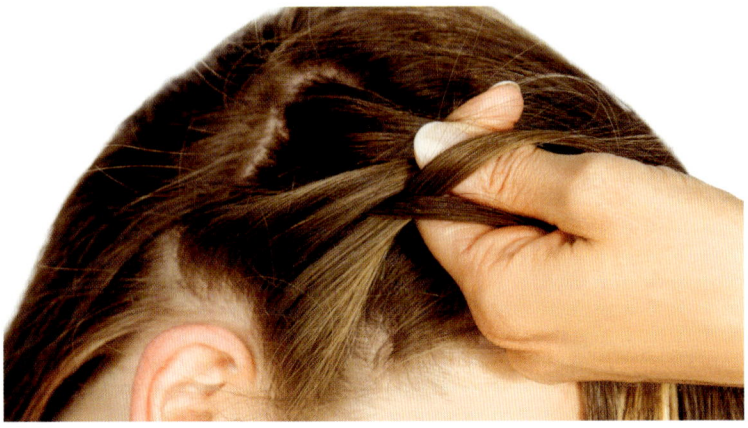

Schritt 3:
Dann beginnt ihr, den Holländischen Zopf zu flechten.

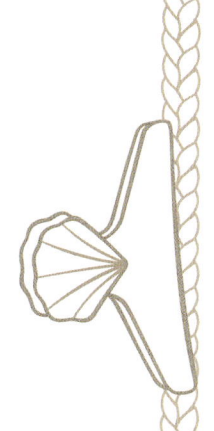

Schritt 4:
Nehmt immer eine Strähne vorne aus der Kontur und eine Strähne von den hinteren Haaren dazu.

Schritt 5:
Flechtet vorne an der Kontur entlang.

Schritt 6:
Befestigt den Zopf mit einem Haargummi.

Schritt 7:
Anschließend lockert ihr
euren Zopf.

MÄRCHENHAFTER DOPPELZOPF

MITTEL

Fertig in 30 Minuten

MATERIAL

- 3 Haargummis
- Bürste
- Haarspray

HAARLÄNGE

ab Ansatz mind. 50 cm

Schritt 1:
Ausgangsfrisur ist ein mittiger, hoher Pferdeschwanz. Legt eine dünne Strähne, die ihr herausfallen lasst, nach außen.

Schritt 2:
Flechtet den Zopf. Lasst dabei jedes Mal, wenn ihr den äußeren Strang über die Mitte legt, eine obere dünne Strähne raus.

Schritt 3:
Legt die dünne Strähne, die ihr herausfallen lasst, nach außen.

Schritt 4:

Legt nun die rechte Strähne über die Mitte. Eine Strähne nehmt ihr heraus. Jetzt die linke Strähne über die Mitte und wieder eine Strähne herauslassen. Dann erneut die rechte Strähne über die Mitte, eine Strähne herausnehmen.

Schritt 5:

Dies wiederholt ihr!

Schritt 6:
Bis zum Schluss lasst ihr immer wieder eine Strähne bei jedem Flechtvorgang raus.

Schritt 7:
Bindet an das Ende des Zopfes ein Haargummi.

Schritt 8:
Nun nehmt ihr die oberen losen Strähnen.

Schritt 9:
Flechtet die losen Strähnen, nehmt immer wieder eine neue dazu wie beim Französischen Zopf!

Schritt 10:
Am Ende angekommen, bindet ihr auch hier ein Haargummi darum.

Schritt 11:
Lockert nur den unteren Zopf! So sieht dieser breiter aus als der obere!

GEKORDELTER
DOPPELZOPF

MATERIAL

- 3 Haargummis

VARIANTE

Schritt 1:
Statt die Strähnen, die herausgefallen sind, zu flechten, kordeln wir sie.

Schritt 2:
Nehmt zwei Strähnen ...

... und zwirbelt sie in die gleiche Richtung.

Schritt 3:
Verdreht die beiden gezwirbelten Strähnen entgegengesetzt.

Schritt 4:
Nehmt immer wieder eine Strähne von den herausgelassenen Strähnen dazu und zwirbelt sie ebenfalls mit in die gleiche Richtung. Dann verdreht ihr wieder die beiden Strähnen entgegengesetzt.

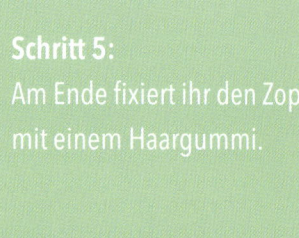

Schritt 5:
Am Ende fixiert ihr den Zopf mit einem Haargummi.

Schritt 6:
Lockert den hinteren geflochtenen Zopf.

HAARBAND MIT SCHMETTERLING

Vorher

MITTEL

Fertig in 20 Minuten

MATERIAL

- 3 Haargummis
- 1 Haarnadel
- Haarspray
- Stielkamm

Schritt 1:
Bindet einen Pferdeschwanz. Lasst dabei jedoch die Kontur heraus.

Schritt 2:
Beginnt am Seitenscheitel und flechtet einmal auf der rechten Seite und auch einmal auf der linken Seite einen Holländischen Zopf.

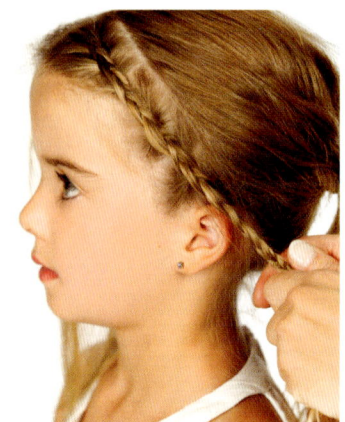

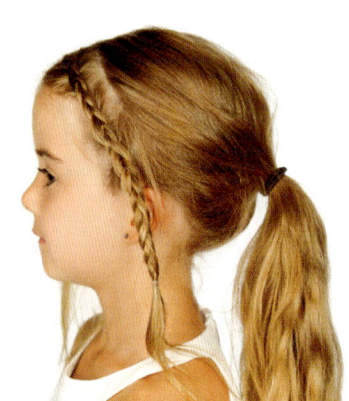
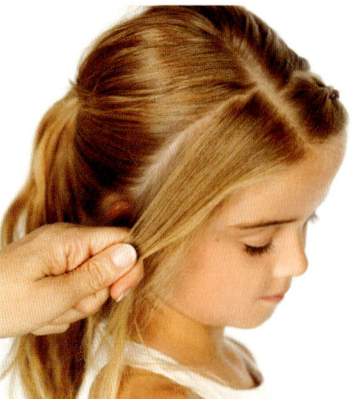

Schritt 3:
Bindet um beide Zöpfe ein dünnes Haargummi.

Schritt 4:
Fasst beide Zöpfe unter dem Pferdeschwanz mit einem Haargummi in der Mitte zusammen.

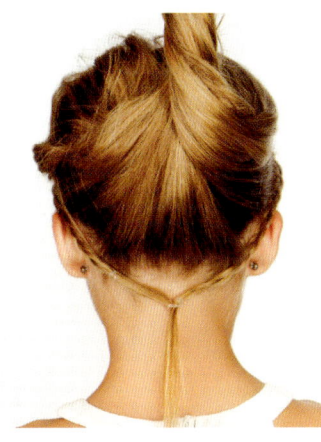

Schritt 5:
Löst nun den Pferdeschwanz.

Schritt 6:
Steckt nun auf der Höhe der Augenbrauen eine Haarnadel durch den geflochtenen Zopf.

Schritt 7:
Nehmt eine dünne Strähne aus dem offenen Haar. Sprüht diese feucht und legt eine Schlaufe.

So funktio-
nieren die
Schmetter-
linge:

Schritt 8:
Fädelt die Schlaufe in die Haarnadel. Zieht die Haarnadel nach unten und haltet dabei die Schlaufe fest.

Schritt 9:
So entsteht eine Schleife.

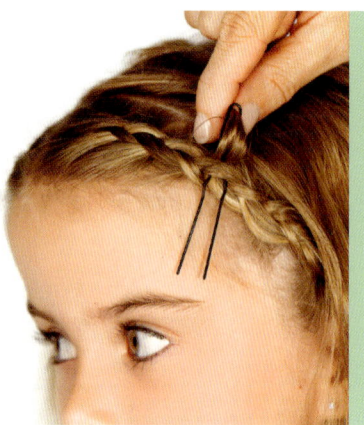

Schritt 10:
Schiebt nun an der gleichen Stelle wieder eine Haarnadel durch den geflochtenen Zopf. Nehmt erneut eine dünne Strähne aus dem offenen Haar.

Schritt 11:
Bildet wieder eine Schlaufe, zieht sie durch die Haarnadel, haltet die Schlaufe fest. Zieht die Haarnadel nach unten. So erhaltet ihr eine zweite Schleife.

Schritt 12:
Zieht die unteren Schlaufen größer, lasst die verbleibenden Strähnen nach oben zeigen. So entsteht der Eindruck eines Schmetterlings.

LOCKERES SCHLEIFENBUND

Vorher

MITTEL

Fertig in 25 Minuten

MATERIAL

- 3 Haargummis
- 6 Haarklammern
- Stielkamm
- Haarspray

Schritt 1:
Zieht einen Seitenscheitel. Nehmt an der Stirn ein Passé auf und unterteilt dieses in drei Strähnen.

Schritt 2:
Flechtet die drei Strähnen miteinander. Anschließend bindet ihr ein Haargummi darum.

Schritt 3:
Lockert den Zopf mit euren Fingern, indem ihr die Strähnen auseinanderzieht.

Schritt 4:
Nun nehmt das Passé von der linken Seite und unterteilt es in drei Strähnen.

Schritt 5:
Auch hier flechtet ihr die drei Strähnen miteinander, bindet ein Zopfgummi darum und lockert den Zopf.

Schritt 6:
Der Hinterkopf wird abgeteilt und festgesteckt.

Schritt 7:
Die beiden Zöpfe werden am Hinterkopf mit einem Zopfgummi zusammengebunden.

Schritt 8:
Löst die festgesteckten Haare am Hinterkopf, dreht diese Haare über den Daumen und steckt sie dann mithilfe einer Haarklammer über den beiden Zöpfe so fest, …

… dass man das Haargummi nicht mehr sieht.

Das Feststecken ist etwas knifflig. So geht`s:

Schritt 9:

Als Nächstes teilt ihr eine Strähne links hinter dem Ohr ab. Diese Strähne dreht ihr über den Zeigefinger und steckt sie mit einer Haarklammer fest. Die Längen der Strähne fallen locker heraus.

Schritt 10:

Das Gleiche macht ihr auf der rechten Seite. Am Ende könnt ihr die Frisur mit einer Blume schmücken.

BASISZÖPFE
KREATIV

LOCKERER SEITENZOPF

Vorher

EINFACH

Fertig in
5 Minuten

MATERIAL

- 1 Haargummi

Schritt 1:
Fasst alle Haare auf einer
Seite zusammen.

Schritt 2:
Teilt die Haare in drei
gleich dicke Strähnen.

Schritt 3:
Fangt in der Höhe des
Kinns an zu flechten.
Nehmt die rechte Strähne
und legt sie über die Mitte.

Schritt 4:
Dann nehmt ihr die linke Strähne und legt sie wieder über die Mitte. Danach wieder die rechte Strähne. Dies wiederholt ihr bis zum Ende des Zopfes.

Schritt 5:
Am Ende bindet ihr ein Haargummi um den Zopf.

FÜNF-STRÄHNEN-FLECHTZOPF

Vorher

KNIFFLIG

Fertig in 15 Minuten

So funktioniert das Flechten mit fünf Strähnen:

MATERIAL

- 2 Haargummis
- 1 Haarnadel
- Bürste
- Haarspray

Schritt 1:
Fasst das Haar wie abgebildet in einem Pferdeschwanz zusammen.

Schritt 2:
Entnehmt eine dünne Strähne und wickelt diese um den Zopf.

Schritt 3:
Steckt die Spitzen fest und fixiert sie mit Haarspray.

Schritt 4:
Teilt den Zopf in fünf gleich starke Strähnen.

Schritt 5:
Geht mit der Strähne Nr. 1 unter die Nr. 2 …

Schritt 6:
… und geht mit Nr. 1 über Nr. 3.

Schritt 7:
Nun geht die Nr. 5 unter die Nr. 4 und über die Nr. 1.

Schritt 8:
Nr. 2 unter Nr. 3,
Nr. 3 über Nr. 5.

Schritt 9:
Nr. 4 unter die Nr. 1,
Nr. 4 über die Nr. 2.

Schritt 10:
Diesen Vorgang
wiederholt ihr.

Schritt 11:
Im Prinzip kann man sagen: Ihr fangt rechts an, die äußere
Strähne geht unter die Strähne, die vor ihr liegt, dann über
die Mitte. Dann dreht links die äußere Strähne unter die
Strähne, die vor ihr liegt, über die neue Mitte. Dann dreht
wieder rechts die äußere Strähne unter die Strähne, die vor
ihr liegt und über die Mitte, dann wieder links und so weiter.

Schritt 12:
Lockert den Zopf, damit er breiter aussieht.

Schritt 13:
Am Ende fixiert ihr den Zopf mit einem Haargummi.

Fertig in 5 Minuten

DUTT

MATERIAL

- 5 Haarnadeln
- 2 Haarklammern

VARIANTE

Schritt 1:
Um eine Variante dieser Frisur zu kreieren, könnt ihr den Zopf wie eine Schnecke einschlagen und mit Haarklammern und Haarnadeln feststecken.

VIER-STRÄHNEN-RUNDZOPF

Vorher

MITTEL

Fertig in 10 Minuten

MATERIAL

• 1 Haargummi

So funktioniert das Flechten mit vier Strähnen:

Schritt 1:
Die Ausgangsfrisur ist ein umwickelter Pferdeschwanz.

Schritt 2:
Teilt den Pferdeschwanz in vier gleich dicke Strähnen.

Schritt 3:
Fangt mit der Strähne Nr. 1 an. Nr. 1 wird unter Nr. 2 und Nr. 3 hergeführt.

Schritt 4:
Dann geht Nr. 1 über die Nr. 3.

Schritt 5:
Dann nehmt ihr die linke Strähne Nr. 4. Nr. 4 geht unter Nr. 3 und unter Nr. 1 und schließlich über Nr. 1 rüber.

Schritt 6:
Nehmt jetzt wieder die rechte Strähne Nr. 2. Sie geht unter Nr. 1 und Nr. 4 und schließlich über Nr. 4. Diesen Vorgang wiederholt ihr dann bis zum Ende.

Fertig in 2 Minuten

DUTT

MATERIAL

- 4 Haarnadeln
- ggf. Spitzenband

VARIANTE

Schritt 1:
Nehmt nun den Zopf in die Hand und wickelt ihn wie eine Schnecke auf.

Schritt 2:
Steckt dann den aufgedrehten Zopf mit Haarnadeln fest.

Schritt 3:
Um den Dutt zu schmü-
cken, könnt ihr ein Band
mit Spitze darumwickeln.

ZWEI FRECHE FLECHTZÖPFE

Vorher

EINFACH

Fertig in 5 Minuten

MATERIAL

- 2 Haargummis
- 2 Haarklammern

Schritt 1:
Ausgangsfrisur sind zwei seitliche Zöpfe jeweils dicht hinter dem Ohr. Umwickelt beide Zöpfe mit jeweils einer Strähne vom Zopf.

Schritt 2:
Steckt die Strähne mit einer Haarklammer fest, sodass das Haargummi versteckt ist.

Schritt 3:
Teilt den Zopf in drei Strähnen und flechtet ihn.

Schritt 4:
Flechtet, indem ihr immer die äußere Strähne über die mittlere Strähne legt, und das im Wechsel einmal von rechts, dann von links.

Schritt 5:
Am Ende benutzt ihr ein Haargummi.

SEITLICHER FISCHGRÄTENZOPF

Vorher

EINFACH

Fertig in 30 Minuten

MATERIAL

- 1 Haargummi
- Paddelbürste

HAARLÄNGE

ab Ansatz mind. 50 cm

Schritt 1:
Kämmt die Haare mit einer Paddelbürste zur Seite und teilt sie in zwei dicke Strähnen auf.

Schritt 2:
Flechtet ab Kinnhöhe. Nehmt von der rechten Außenseite eine dünne Strähne und legt diese zur anderen Strähne, dem Strang.

Schritt 3:
Nun nehmt ihr von dem linken Strang außen eine dünne Strähne …

Schritt 4:
… und gebt sie zum rechten Strang herüber.

Schritt 5:
Danach nehmt ihr wieder von der rechten Seite außen eine dünne Strähne und legt sie wieder nach links.

Schritt 6:
Bei dieser Zwei-Strang-Technik nehmt ihr immer eine dünne Strähne von außen, mal rechts, mal links, und legt sie immer abwechselnd zur anderen Seite rüber.

Geht ganz einfach, hier nochmal die Fischgrät-Technik:

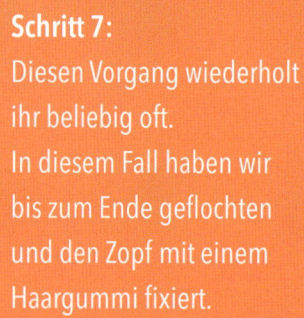

Schritt 7:
Diesen Vorgang wiederholt ihr beliebig oft.
In diesem Fall haben wir bis zum Ende geflochten und den Zopf mit einem Haargummi fixiert.

Fertig in 2 Minuten

GELOCKERTER FISCHGRÄTENZOPF

Schritt 1:
Lockert den Zopf kräftig.

Schritt 2:
Habt keine Angst beim Ziehen.

VARIANTE

EINFACHER WASSERFALLZOPF

Vorher

MITTEL

Fertig in 20 Minuten

MATERIAL

- 1 Haargummi

Schritt 1:
Teilt an der Stirnpartie ein Passé ab und unterteilt dieses in drei Strähnen.

Schritt 2:
Flechtet nun einmal.

Schritt 3:
Lasst die obere Strähne fallen.

Schritt 4:
Nehmt jetzt eine neue Strähne für die obere Strähne, die ihr fallengelassen habt, von unten auf. Flechtet dann normal einmal und lasst die obere Strähne wieder fallen.

Schritt 5:
Nehmt dann erneut eine neue Strähne von unten auf. Diese neue Strähne ersetzt die obere, die fallengelassen wurde. Mit dieser neuen Strähne flechtet ihr dann wieder einmal und lasst dann erneut die obere fallen. Nehmt wieder eine neue Strähne von unten auf und flechtet wieder einmal damit.

Schritt 6:
Diesen Vorgang wiederholt ihr bis zur anderen Seite.

Schritt 7:
Zum Schluss geht ihr in einen Zopf über und fixiert den Zopf mit einem dünnen Haargummi.

Fertig in 25 Minuten

HOLLÄNDISCHE WASSERFALL-KOMBI

MATERIAL

- 2 Haargummis

Schritt 1:
Teilt nun unterhalb des Wasserfallzopfes an der Kontur ein Passé ab und unterteilt es in zwei Strähnen. Die dritte Strähne nehmt ihr aus dem Wasserfallzopf und flechtet einmal.

Schritt 2:
Beim nächsten Flechtvorgang nehmt ihr immer eine Strähne aus dem Wasserfallzopf und eine Strähne von unten hinzu und flechtet einen Holländischen Zopf.

So gelingt euch die komplette Frisur:

Schritt 3:
Kommen keine Haare mehr dazu, flechtet ihr in einen normalen Zopf weiter.

Schritt 4:
Unten angekommen bindet ihr ein Haargummi um beide Zöpfe.

HOLLÄNDISCHER ZOPF MIT LOCKEN

EINFACH

Fertig in 15 Minuten

MATERIAL

- 1 Zopfgummi
- 5 Haarnadeln
- Haarspray
- Stielkamm

Schritt 1:
Zieht einen Seitenscheitel. Teilt über dem linken Ohr drei gleiche Strähnen ab.

Schritt 2:
Legt die rechte unter die mittlere Strähne, die linke unter die rechte Strähne.

Schritt 3:
Flechtet weiter und nehmt abwechselnd von jeder Seite eine neue Strähne zur mittleren hinzu.

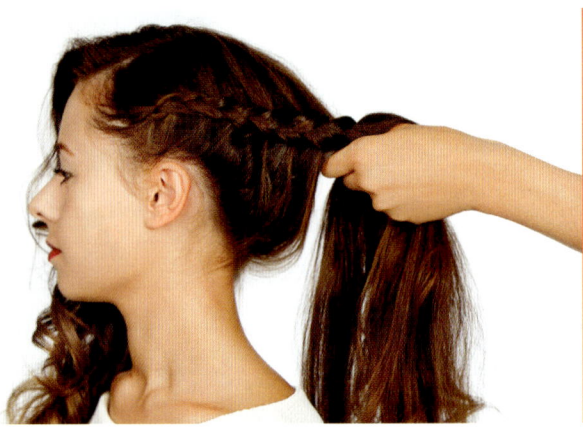

Schritt 4:
Flechtet einmal um den Kopf herum bis zum anderen Ohr.

Schritt 5:
Am Ohr angekommen, bindet ein dünnes Zopfgummi um den Zopf.

Schritt 6:
Nehmt nun eine dicke Strähne von der rechten Seite …

Schritt 7:
… und wickelt sie um den Zopf, sodass das Haargummi versteckt ist.

Schritt 8:
Schlagt die verbleibenden Haare um die Hand, dreht die Haare …

Schritt 9:
… und steckt die Haare lockig durcheinander mit Haarnadeln fest, sodass die Haare halb offen sind.

Übung macht den Meister: Tipps zum Feststecken:

Fertig in 15 Minuten

GANZER HOLLÄNDISCHER ZOPF

MATERIAL

- 1 Haargummi

Schritt 1:
Ihr löst das Zopfgummi.

Schritt 2:
Flechtet nun weiter mit dem Holländischen Zopf und nehmt die neuen Strähnen nur noch von oben dazu.

Schritt 3:
Sind alle Haare aufge-
braucht, flechtet ihr den Zopf
normal weiter. Am Ende
befestigt ihr den Zopf mit
einem Haargummi.

Schritt 4:
Danach lockert ihr den
Zopf, damit er dicker
aussieht.

KORDELZÖPFE

Vorher

EINFACH

Fertig in 8 Minuten

MATERIAL

- 2 Zopfgummis
- Stielkamm

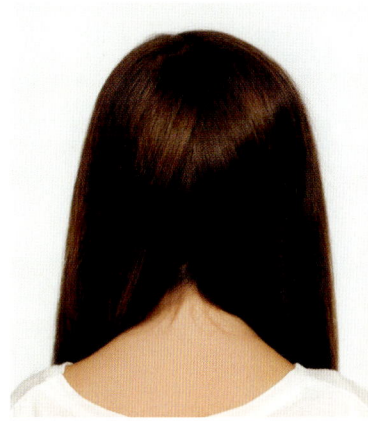

Schritt 1:
Zieht einen Mittelscheitel von der Stirn bis zum Nacken.

Schritt 2:
Teilt die rechte Seite in zwei dicke Strähnen.

Schritt 3:
Dreht nun die beiden gezwirbelten Strähnen in die Gegenrichtung, ...

... das heißt, dreht die beiden Strähnen nach rechts und schlagt sie nach links übereinander. Dies wiederholt ihr bis zum Ende und fixiert den Zopf mit einem dünnen Haargummi.

FRANZÖSISCHER FISCHGRÄTENZOPF

Vorher

MITTEL

Fertig in 20 Minuten

MATERIAL

- 1 Zopfgummi
- Stielkamm

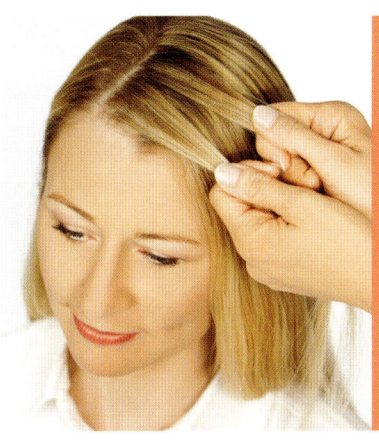

Schritt 1:
Zieht einen Seitenscheitel und teilt auf der linken Seite direkt ein Passé ab. Teilt dieses in zwei gleich starke Strähnen auf.

Schritt 2:
Nehmt nun von rechts außen eine dünne Strähne zum linken Strang dazu.

Schritt 3:
Nun nehmt ihr eine dünne Strähne von links außen zur rechten Strähne dazu.

Schritt 4:
Als nächstes nehmt ihr wieder eine dünne Strähne von rechts außen zur linken Strähne dazu.

Schritt 5:

Diesen Vorgang wiederholt ihr. Ihr könnt euch das Abteilen der dünnen Strähnen vereinfachen, indem ihr einen Stielkamm benutzt.

Schritt 6:

Flechtet den Französischen Fischgrätenzopf einmal links um den Kopf herum.

Schritt 7:

Wenn ihr am rechten Ohr angekommen seid und

alle Haare aufgebraucht sind, flechtet ihr den Fischgrätenzopf einfach weiter, indem ihr immer eine dünne Strähne vom rechten Strang außen zum linken nehmt. Dann nehmt ihr vom linken Strang außen eine Strähne und legt sie zum rechten Strang. Diesen Vorgang wiederholt ihr bis zum Ende.

Schritt 8:
Am Ende fixiert ihr den Zopf mit einem Haargummi.

Schritt 9:
Lockert nun den Zopf.

FLIPPIGE
FRISUREN

GEKNOTETER ZOPF

EINFACH

Fertig in 8 Minuten

MATERIAL

- 2 Haargummis (ein dünnes und ein dickes)
- 1 Haarnadel

Schritt 1:
Entnehmt dem Zopf eine dünne Strähne und umwickelt ihn damit.

Schritt 2:
Befestigt die Strähne mit einer Haarnadel.

Schritt 3:
Entnehmt dem Zopf erneut zwei dünne Strähnen.

Schritt 4:
Verknotet diese beiden Strähnen miteinander.

Schritt 5:
Zieht den
Knoten stramm.

Schritt 6:
Führt die beiden Strähnen
unter dem Zopf her, sodass
sie sich kreuzen, und geht
wieder hoch.

Schritt 7:
Nehmt nun zwei neue
Strähnen aus dem Zopf
hinzu.

Schritt 8:
Fasst nun die neue und
die alte Strähne zu einer
Strähne zusammen.

Schritt 9:
Knotet diese dann wieder stramm zusammen.

Schritt 10:
Ihr führt die Strähnen unter dem Zopf her. Die eine Strähne links herum, die andere rechts herum.

Schritt 12:
Verknotet auch diese beiden Strähnen miteinander.

Schritt 13:
Diesen Vorgang könnt ihr beliebig wiederholen, je nachdem, wie lang ihr den Zopf umwickelt haben möchtet.

Vorher

FLECHTZOPF FÜR KURZES HAAR

MITTEL

Fertig in 5 Minuten

MATERIAL

- 1 durchsichtiges dünnes Haargummi
- Stielkamm
- Haarspray

HAARLÄNGE

Deckhaar mind. 10 cm

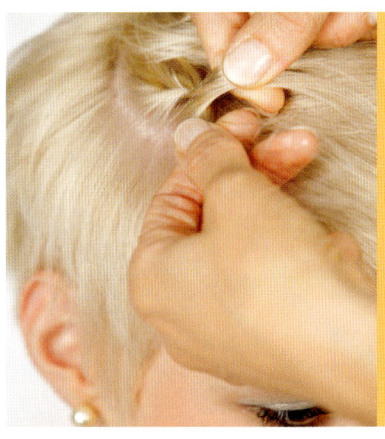

Schritt 1:
Zieht einen kurzen Scheitel auf der rechten Seite. Teilt ein dünnes Passé ab und unterteilt es in drei Strähnen. Dann beginnt ihr, einen Holländischen Zopf zu flechten.

Schritt 2:
Flechtet den Holländischen Zopf weiter von rechts nach links. Lasst dabei die Ponypartie raus.

Schritt 3:
Am Ende des Zopfes bindet ihr ein dünnes durchsichtiges Zopfgummi darum.

FRANZÖSISCH KURZ

EINFACH

Fertig in 10 Minuten

MATERIAL

- 1 Zopfgummi
- Stielkamm
- Haarspray

HAARLÄNGE

Deckhaar mind. 10 cm

Schritt 1:
Teilt den Oberkopf ab und toupiert einen Irokesen. Ihr toupiert am besten, indem ihr das Passé festhaltet und mit dem Kamm die Haare des Passés runterkämmt.

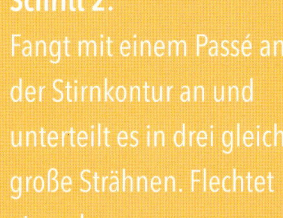

Schritt 2:
Fangt mit einem Passé an der Stirnkontur an und unterteilt es in drei gleich große Strähnen. Flechtet einmal.

Schritt 3:

Flechtet weiter und nehmt abwechselnd von jeder Seite eine neue Strähne hinzu. Flechtet einen Französischen Zopf. Am Hinterkopf hört ihr auf und bindet ein Haargummi darum. Sprüht ein bisschen Haarspray, um die Frisur zu festigen.

Schritt 4:

Dann löst ihr das Haargummi wieder und kämmt die Enden ordentlich in die Kontur hinein.

LOCKERE FISCHGRÄTENZÖPFE

Vorher

EINFACH

Fertig in 20 Minuten

MATERIAL

- 2 Haargummis

HAARLÄNGE

ab Ansatz mind. 50 cm

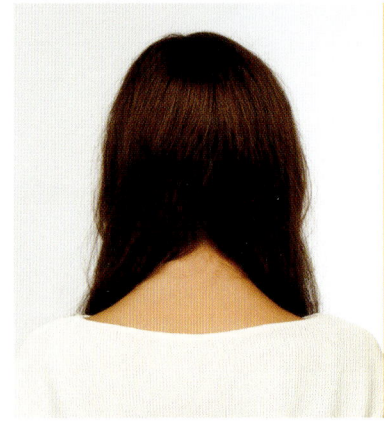

Schritt 1:
Teilt die Haare in der Mitte gleichmäßig.

Schritt 2:
Teilt die eine Seite in zwei gleich starke Zöpfe.

Schritt 3:
Nehmt eine dünne Strähne von rechts außen und gebt sie zum linken Zopf dazu.

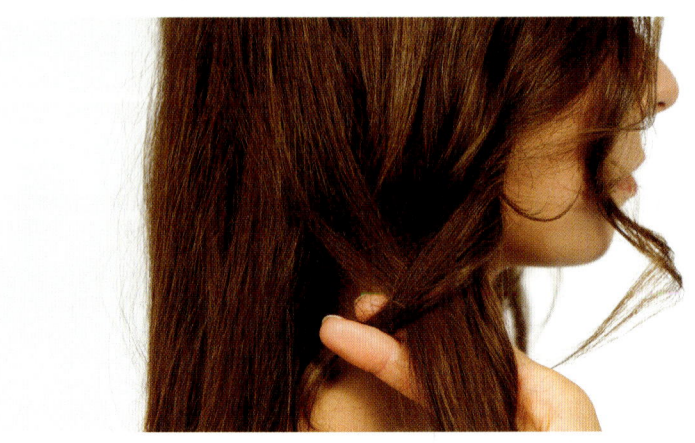

Schritt 4:
Dann nehmt ihr eine dünne Strähne von links außen und gebt sie zum rechten Strang.

Schritt 5:
Dann nehmt wieder eine dünne Strähne von rechts außen und legt sie nach links.

Schritt 6:
Wiederholt den Vorgang, bis alle Haare aufgebraucht sind.
Den Zopf dabei immer straff halten.

Schritt 7:
Je dünner die Strähnen sind, die von außen kommen, desto feiner und schöner ist der Fischgrätenzopf. Den fertigen Zopf mit einem Haargummi festmachen.

Schritt 8:
Lockert nun den Zopf kräftig. Fangt von unten an und gehe nach oben mit dem Lockern.

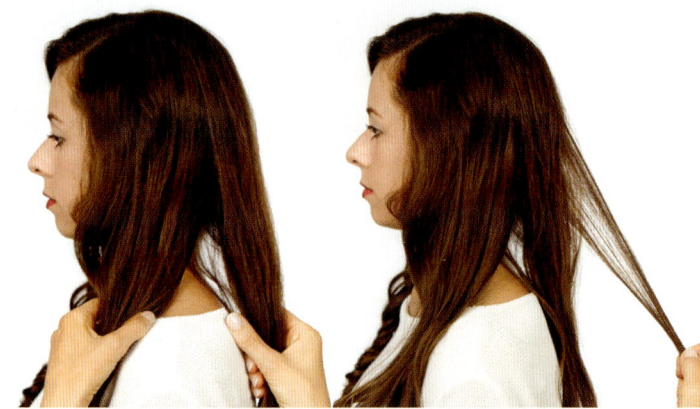

Schritt 9:
Dann beginnt ihr mit der linken Seite und flechtet einen Fischgrätenzopf wie zuvor.

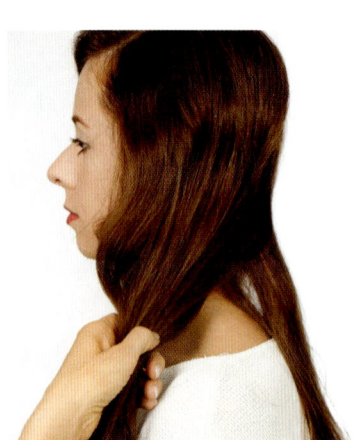

Schritt 10:
Lockert auch den linken Zopf kräftig!

Fertig in
5 Minuten

VERDREHTE
FISCH-
GRÄTEN-
ZÖPFE

MATERIAL

- 1 Haargummi

Schritt 1:
Nehmt beide Zöpfe.

Schritt 2:
Verdreht sie miteinander.

VARIANTE

Schritt 3:
Am Ende bindet ihr ein Haargummi um beide Zöpfe.

TROPFENZOPF

EINFACH

Fertig in 10 Minuten

MATERIAL

- 1 dickes Zopfgummi
- 1 Haarklammer
- mehrere durchsichtige Haargummis
- Bürste

HAARLÄNGE

ab Ansatz mind. 50 cm

Schritt 1:
Teilt eine dünne Strähne vom Zopf ab und wickelt diese um das Haargummi herum. Steckt das Ende mit einer Haarklammer fest.

Schritt 2:
Nun unterteilt den Zopf in zwei gleich starke Strähnen, eine oben und eine unten.

Schritt 3:
Bindet ein dünnes durchsichtiges Haargummi nach ca. 6 cm um die obere Haarsträhne.

Schritt 4:
Geht mit Daumen und Zeigefinger in die Mitte des oberen Zopfes, bildet eine Lücke und …

… greift nach dem unteren Zopf, um ihn durch den oberen Zopf zu ziehen. Jetzt sollte der untere Zopf der neue obere Zopf sein.

Schritt 5:
Jetzt bindet ihr erneut nach ca. 6 cm ein dünnes durchsichtiges Haargummi um den jetzt oberen Zopf.

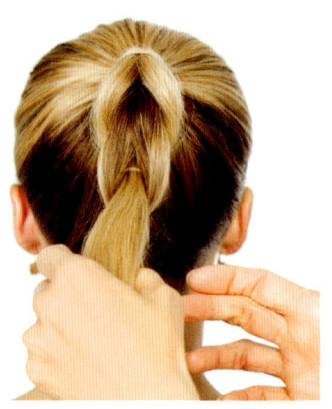

Schritt 6:

Wiederholt den Vorgang, indem ihr wieder durch die Mitte des Zopfes mit dem Daumen und Zeigefinger geht und den unteren Zopf durch den oberen zieht. Anschließend bindet ihr wieder ein Haargummi um den Zopf. Dies wiederholt ihr bis zum Ende des Zopfes.

An das Ende des Zopfes bindet ihr ein finales Haargummi.

EDLER BAUERNZOPF

EINFACH

Fertig in 15 Minuten

MATERIAL

- 2 Haargummis
- 6 Haarklammern
- 2 Haarnadeln

HAARLÄNGE

ab Ansatz mind. 50 cm

Schritt 1:
Teilt drei dünne Strähnen oberhalb vom Pferdeschwanz ab.

Schritt 2:
Beginnt nun, einen Französischen Zopf zu flechten. Nehmt dazu immer wieder eine dünne Strähne von außen aus dem Zopf dazu. Mal von rechts, mal von links.

Schritt 3:
Wiederholt diesen Vorgang, bis ihr am Ende des Zopfes angelangt seid, und bindet am Ende ein Haargummi darum.

Schritt 4:
Fasst nun mit Daumen und Zeigefinger eine Strähne am Anfang des geflochtenen Zopfes.

Schritt 5:
Jetzt zieht ihr die Strähne nach oben über das Zopfgummi. Dabei fächert sich der Zopf auf in Richtung Haargummi.

So gelingt euch das Hochziehen und Befestigen:

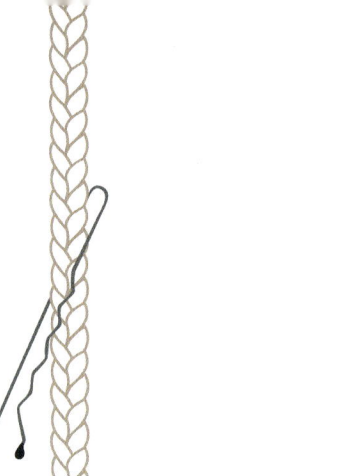

Schritt 6:
Steckt die Strähne hinter dem Zopfgummi mit einigen Haarnadeln fest.

Schritt 7:
Nehmt nun das Ende des Zopfes, schlagt es nach innen ein und steckt das Ende mit Haarklammern fest. Im Nacken zwei Klammern über Kreuz.

Vorher

ELFEN-HAAR

EINFACH

Fertig in 20 Minuten

MATERIAL

- 3 Haargummis
- 3 Curlys
- Stielkamm

Schritt 1:
Ausgehend vom Seitenscheitel teilt ihr unterhalb ein Passé von 2 x 1 cm ab. Dieses unterteilt ihr in zwei Strähnen. Kreuzt die Strähnen einmal.

Schritt 2:
Nehmt eine Strähne von oben dazu, legt diese über die eine Strähne von den ersten beiden, und legt die zweite Strähne darüber.

Schritt 3:
Dann kreuzt die ersten beiden Strähnen wieder.

Schritt 4:
Nehmt wieder eine Strähne von oben und legt diese zwischen die beiden ersten Strähnen.

Schritt 5:
Danach kreuzt sie wieder.

Schritt 6:
Diesen Vorgang wiederholt ihr bis zum Schluss.

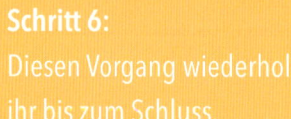

Schritt 7:

Am Ende befestigt ihr die beiden Strähnen mit einem dünnen durchsichtigen Haargummi.

Schritt 8:

Nun teilt ihr das nächste Passé 2 x 1 cm unter dem letzten Passé ab.
Teilt auch dieses Passé in zwei Strähnen.

Schritt 9:

Kreuzt beide Strähnen. Nehmt die vorherige dritte Strähne wieder auf und legt sie zwischen die ersten beiden Strähnen. Kreuzt die beiden ersten Strähnen erneut.

Schritt 10:

Wiederholt den Vorgang. Am Ende fixiert ihr die beiden Strähnen mit einem Haargummi.

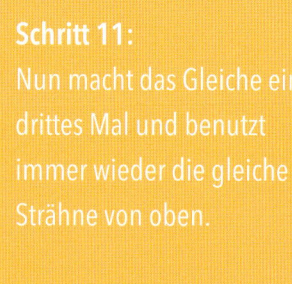

Schritt 11:
Nun macht das Gleiche ein drittes Mal und benutzt immer wieder die gleiche Strähne von oben.

Schritt 12:
Das Haar sieht wie gewebt aus.

Schritt 13:
Die vordere Kontursträhne haben wir herausgelassen.

Schritt 14:
Über den Haargummis könnt ihr Curlys eindrehen. Damit sind die Haargummis versteckt.

LANGER S-ZOPF

EINFACH

Fertig in 20 Minuten

MATERIAL

- 1 Haargummi

HAARLÄNGE

ab Ansatz mind. 50 cm

Schritt 1:
Als Erstes teilt ihr mithilfe eines Stielkamms einen Seitenscheitel. Teilt ein Passé ab.

Schritt 2:
Unterteilt es in drei Strähnen.

Schritt 3:
Flechtet nun einmal.

Schritt 4:
Nehmt eine neue Strähne aus der Kontur dazu.

Schritt 5:

Beginnt nun, einen halben Holländischen Zopf zu flechten, indem ihr erst nur aus der Kontur, dann vom Oberkopf neue Strähnen dazunehmt und mit einflechtet.

Schritt 6:

Flechtet von rechts nach links und nehmt die Haare nur von oben dazu.

Schritt 7:

Dann wechselt und flechtet wieder in die andere Richtung. Nehmt weiter immer wieder neue Strähnen nur von oben.

Schritt 8:
Flechtet bis zur anderen Seite weiter und lasst die Strähnen, die ihr hinzunehmt, immer länger.

Schritt 9:
Auf der rechten Seite angekommen, flechtet ihr wieder in die andere Richtung.

Schritt 10:
Nehmt weiterhin die neuen Strähnen nur von oben dazu.

Schritt 11:
Wenn alle Haare aufgebraucht sind, flechtet ihr trotzdem bis zum Ende weiter.

Schritt 12:
Zum Schluss fixiert ihr das Ende mit einem Gummi.

Schritt 13:
Lockert den Zopf, damit er dicker aussieht.

AUTORENPORTRÄT

Christiane Wegner, Jahrgang 1969, wurde in Münster geboren und lebt in Drensteinfurt. Sie ist Friseurmeisterin und Betriebswirtin ihres Handwerks. Seit 17 Jahren führt sie erfolgreich ihren Salon „Christiane Högemann Frisuren" in Münster und arbeitet immer wieder als Honorardozentin für die Handwerkskammer. 2013 wurde Christiane Wegner mit dem „Goldwell Color Zoom Award" ausgezeichnet und trat im internationalen Wettbewerb in Los Angeles für Deutschland an. Beim Award 2014 war sie Mitglied der nationalen Jury. Christiane Wegner ist verheiratet und Mutter von drei Kindern. Ihre Töchter sind im besten Zöpfe-Flecht-Alter und haben für reichlich Inspiration gesorgt.

DANKESCHÖN!

Vielen Dank an meinen Mann Michael und meine Kinder Milla, Joost und Lilly – ihr seid die Besten! Meinen Töchtern danke ich, dass ich ständig neue Ideen an ihnen ausprobieren durfte. Auch meine Mitarbeiter haben sich immer gerne als Modelle zur Verfügung gestellt – vielen Dank dafür. Dank auch an meine Eltern, die immer an mich geglaubt haben.

Ein großes Dankeschön geht an Thomas Richter, der mich als Autorin haben wollte und mir ermöglicht hat, dieses großartige Buch zu schreiben, das nur so toll geworden ist, durch die Unterstützung von Corinna Lemmer, Eileen Gruschka, Claudia Rudel, Nina Eckes und Saskia Thiele und den vielen lieben Modellen: Milla & Lilly Wegner, Teresa Kallinger, Ellen Micklinghoff, Simone Vincenzi, Caroline Schulte, Melanie Kliewe, Saskia & Nele Walterbusch, Adriane Degner, Alina Rieforth, Madeleine Frank, Christina Neust, Kim Russel und Greta Lemmer.

VIDEOVERZEICHNIS

STICHWORTVERZEICHNIS